MINISTÈRE DU COMMERCE ET DE L'INDUSTRIE

DIRECTION DE L'ENSEIGNEMENT TECHNIQUE

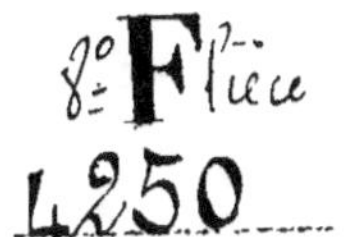

DÉCRET

SUR LES

ÉCOLES PRATIQUES

DE COMMERCE OU D'INDUSTRIE

Extrait du Bulletin de l'Enseignement technique
(N° du 6 juin 1908).

PARIS

VUIBERT ET NONY ÉDITEURS

63, BOULEVARD SAINT-GERMAIN, 63

DÉCRET

SUR LES ÉCOLES PRATIQUES DE COMMERCE
OU D'INDUSTRIE

———

Le Président de la République française,

Sur le rapport du Ministre du Commerce, de l'Industrie et des Colonies ;

Vu l'article 69 de la loi du 26 janvier 1892, ainsi conçu :

" Les écoles primaires supérieures professionnelles dont l'enseignement est principalement industriel ou commercial relèveront, à l'avenir, du Ministère du Commerce, de l'Industrie et des Colonies, auquel elles seront transférées par décret, et prendront le nom d'*Ecoles pratiques de commerce et d'industrie*. Ces écoles et les écoles gratuites analogues, dont le Ministère du Commerce pourra autoriser la création dans les conditions à déterminer par un règlement d'administration publique et dans la limite des crédits budgétaires ouverts à cet effet, seront entretenues conformément aux dispositions de la loi du 19 juillet 1889. .

" Le personnel enseignant, en fonctions dans les écoles actuellement existantes, conservera ses fonctions dans les écoles transférées et bénéficiera, dans les conditions à déterminer par un règlement d'administration publique, de garanties analogues à celles que lui assuraient, pour le traitement, les indemnités, l'avancement et la discipline, les lois du 30 octobre 1886 et du 19 juillet 1889.

" Des règlements d'administration publique détermineront les conditions de recrutement et d'avancement du nouveau personnel enseignant, les conditions dans lesquelles ce personnel pourra poursuivre la réalisation de l'engagement décennal prévu par la loi sur le recrutement de l'armée, le mode d'établissement des programmes, l'organisation de la surveillance et de l'inspection, le mode d'attribution des bourses et subventions et toutes questions d'exécution relatives au fonctionnement de ces écoles " ;

Le Conseil d'État entendu,

DÉCRÈTE :

CHAPITRE PREMIER

Création d'écoles.

ARTICLE PREMIER.

Les écoles pratiques de commerce ou d'industrie peuvent être fondées soit par un département ou une commune, soit par plusieurs départements ou plusieurs communes.

ART. 2.

Lorsqu'un Conseil général ou un Conseil municipal veut fonder une école pratique de commerce ou d'industrie, il prend une délibération spéciale dans laquelle il indique les dépenses d'installation et d'entretien qui seront à la charge du département ou de la commune, ainsi que l'énumération des ressources qu'il entend y affecter.

Il doit s'engager, pour cinq ans au moins, à subvenir aux dépenses de l'école, conformément à l'article 5, § 3, de la loi du 19 juillet 1889.

La création est autorisée par arrêté du Ministre du Commerce et de l'Industrie.

ART. 3 (*).

Les projets de construction, d'acquisition, de location ou d'appropriation de l'immeuble destiné à l'école, ainsi que les projets de reconstruction ou d'agrandissement et les projets d'acquisition de matériel scolaire ou d'outillage pour les ateliers ou laboratoires, doivent être, après adoption par le Conseil général ou le Conseil municipal, soumis à l'approbation du Ministre du Commerce et de l'Industrie.

L'Etat peut concourir, au moyen de subventions, aux diverses dépenses prévues au paragraphe précédent. En ce qui concerne les frais de construction, d'aménagement, de reconstruction ou

---

(*) Ainsi modifié par le décret du 7 mai 1908.

d'agrandissement, ces subventions ne peuvent dépasser le quart de la dépense totale. Elles sont accordées par le Ministre, après avis de la commission permanente du Conseil supérieur de l'Enseignement technique.

CHAPITRE II

Personnel.

ART. 4.

Dans les écoles pratiques de commerce ou d'industrie, le personnel administratif et enseignant peut comprendre :

Un directeur ou une directrice ;

Des professeurs ;

Des chefs de travaux pratiques ;

Des chefs d'atelier ;

Des maitres et des maitresses auxiliaires pour certains enseignements spéciaux ;

Des maitres-adjoints et des maitresses-adjointes ;

Des préposés à l'apprentissage.

ART. 5.

Le Ministre fixe, pour chaque école, les cadres du personnel désigné aux six premiers alinéas de l'article précédent.

Le nombre des emplois de préposé à l'apprentissage est fixé par le Conseil général ou le Conseil municipal, suivant les cas, après avis du directeur et sur la proposition du Conseil de perfectionnement, sous réserve de l'approbation ministérielle.

ART. 6 (*).

Les directeurs, directrices, professeurs, chefs de travaux, chefs d'atelier, maitres et maitresses auxiliaires, maitres adjoints et maitresses-adjointes doivent être Français et remplir les conditions de capacité prévues aux articles 7, 8, 9 et 10 ci-après.

Les directeurs et directrices doivent être âgés de 30 ans au moins.

Les professeurs, chefs de travaux, chefs d'atelier, maitres et maitresses auxiliaires, maitres-adjoints et maitresses-adjointes, de 21 ans au moins.

(*) Ainsi modifié par le décret du 7 mai 1908.

A défaut de candidats de nationalité française offrant des garanties suffisantes de compétence pour l'enseignement d'un art ou la préparation à une industrie qu'il conviendrait d'introduire en France ou de développer par des procédés nouveaux, des étrangers pourront en être exceptionnellement chargés.

Art. 7 (*).

Les directeurs et directrices doivent être titulaires soit du certificat d'aptitude à la direction des écoles pratiques de commerce et d'industrie, délivré dans des conditions qui sont déterminées par un arrêté ministériel, soit du certificat d'aptitude à la direction des écoles professionnelles de la Ville de Paris, institué par le décret du 2 août 1901.

Exceptionnellement, lorsqu'une école pratique de commerce ou d'industrie est installée dans les mêmes bâtiments qu'un établissement soit d'instruction publique, soit d'enseignement technique, le chef de cet établissement peut être appelé par le Ministre du Commerce à diriger l'école pratique, sans être tenu de justifier de la possession du certificat d'aptitude à la direction, institué par le présent article.

Art. 8 (*).

Les candidats aux fonctions de professeur doivent justifier de la possession du certificat d'aptitude au professorat commercial ou au professorat industriel, délivré dans des conditions déterminées par arrêté ministériel.

A défaut de candidats munis de ce diplôme, les professeurs pourront être recrutés :

En première ligne, parmi les maîtres-adjoints et maîtresses-adjointes des écoles pratiques de commerce ou d'industrie comptant au moins dix ans de service dans ces écoles et quarante ans d'âge et reconnus par le Ministre, sur rapport d'inspection et après avis de la commission permanente du Conseil supérieur de l'Enseignement technique, aptes à exercer les fonctions de professeur.

En seconde ligne, parmi les titulaires de diplômes ou certificats

---

(*) Ainsi modifié par le décret du 7 mai 1908.

permettant d'exercer soit les fonctions de professeur ou de chargé de cours dans les lycées et collèges, soit les fonctions de professeur titulaire dans les autres écoles publiques relevant du Ministère du Commerce et de l'Industrie, dans les écoles normales primaires et dans les écoles primaires supérieures.

Art. 9 (*).

Les candidats aux fonctions de chef de travaux ou de chef d'atelier doivent justifier de la possession du certificat d'aptitude à l'enseignement pratique, délivré dans des conditions déterminées par arrêté ministériel.

A défaut de candidats pourvus de ce certificat, les titulaires de ces emplois sont choisis parmi les candidats pouvant justifier de cinq ans d'exercice soit dans l'industrie, soit dans les ateliers des écoles publiques relevant du Ministère du Commerce et de l'Industrie.

Il peut être fait exception aux règles ci-dessus, concernant les conditions de capacité exigées des candidats aux fonctions de professeur, de chef d'atelier ou de chef des travaux, lorsqu'il s'agit d'assurer l'enseignement d'une spécialité industrielle régionale.

Les fonctionnaires chargés d'enseignements de cette nature peuvent être choisis par le Ministre soit sur l'examen de leurs titres et services, soit à la suite d'un concours, dont les conditions sont, le cas échéant, déterminées par un arrêté spécial.

Art. 10 (*).

Les maîtres-adjoints doivent être pourvus soit du brevet supérieur de l'enseignement primaire, soit du diplôme de sortie d'une école supérieure de commerce ou d'une école nationale d'Arts et Métiers. Les maîtresses-adjointes doivent être pourvues de l'un des deux premiers de ces diplômes.

Art. 11 (*).

Les directeurs, directrices, professeurs, chefs de travaux et d'atelier, maîtres-adjoints et maîtresses-adjointes sont nommés par le Ministre du Commerce et de l'Industrie.

(*) Ainsi modifié par le décret du 7 mai 1908.

Ceux de ces fonctionnaires qui ne font pas déjà partie des cadres de l'Enseignement technique, ou qui ne possèdent pas les certificats d'aptitude spécialement institués par les articles 7, 8 et 9 du présent décret, sont délégués dans leurs fonctions. Ils sont, après un an de stage en cette qualité, soumis à une inspection, à la suite de laquelle le Ministre examine s'il convient de les titulariser.

Dans le cas de la négative, ils peuvent être maintenus en fonctions pendant une seconde année, à l'expiration de laquelle le Ministre prononce leur titularisation ou met fin à leur délégation.

En cas de nomination définitive, la durée du stage entre en ligne de compte pour l'avancement.

Les maîtres et maîtresses auxiliaires reçoivent une simple délégation du Ministre, ne conférant aucun droit à une titularisation ultérieure.

Art. 12 (*).

Les préposés à l'apprentissage sont recrutés au concours et titularisés, s'il y a lieu, à la suite d'un stage d'un an, après avis du Conseil de perfectionnement et du directeur, par le Préfet, si l'école est départementale, par le Maire, si l'école est communale. La révocation de ces agents est prononcée, après avis du Conseil de perfectionnement et du directeur, par l'autorité qui les a nommés.

Le Conseil général ou le Conseil municipal, suivant le cas, fixe, après avis du directeur et sur la proposition du Conseil de perfectionnement, le mode de rétribution de ces agents.

Ce personnel n'acquiert pas de droit à pension sur les fonds de l'État. Mais ceux des agents préposés à l'apprentissage qui ont appartenu ou continuent à appartenir au cadre permanent d'une administration publique peuvent, s'ils se trouvaient antérieurement dans les conditions voulues pour acquérir des droits à une pension de l'État, continuer à subir, sur les émoluments qui leur sont attribués par les départements ou les communes, les retenues pour pensions civiles, conformément aux dispositions du dernier alinéa de l'article 4 de la loi du 9 juin 1853.

Art. 13.

L'engagement décennal, contracté au titre du Ministère de l'Ins-

---

(*) Ainsi modifié par le décret du 7 mai 1908.

truction publique, peut être réalisé dans les écoles pratiques de commerce ou d'industrie prévues par l'article 69 de la loi du 26 janvier 1892, sous la condition que la mutation ait été autorisée par le Ministre de l'Instruction publique et par le Ministre du Commerce et de l'Industrie.

CHAPITRE III

Classement. — Traitements. — Discipline.

Art. 14 (¹).

Sont répartis en quatre classes les directeurs et directrices.

Sont répartis en cinq classes : 1° les professeurs ; 2° les chefs de travaux pratiques et chefs d'atelier ; 3° les maîtres-adjoints. Ces classes sont attachées à la personne et peuvent être attribuées sans déplacement.

Art. 15.

Les traitements des directeurs, professeurs, chefs de travaux, chefs d'atelier et maîtres-adjoints sont payés par l'État et soumis aux retenues pour la retraite.

Art. 16 (²).

En dehors des suppléments qui peuvent être accordés par les communes, les traitements sont fixés conformément au présent tableau :

NATURE DES FONCTIONS	5e CLASSE	4e CLASSE	3e CLASSE	2e CLASSE	1re CLASSE
	francs.	francs.	francs.	francs.	francs.
Directeurs et directrices. . . .	»	2500	3000	3500	4000
Professeurs, chefs de travaux et chefs d'atelier.	1900	2300	2700	3000	3200
Maîtres-adjoints et maîtresses-adjointes	1400	1700	2000	2300	2600

(¹) Ainsi modifié par le décret du 31 juillet 1901.
(²) Ainsi modifié par le décret du 12 avril 1907.

Les traitements des professeurs, chefs de travaux, chefs d'atelier et maîtres-adjoints seront portés aux chiffres indiqués ci-dessus au fur et a mesure du vote des crédits nécessaires.

Les traitements des nouveaux professeurs, chefs de travaux, chefs d'atelier et maîtres adjoints, nommés pendant la période transitoire, seront fixés à la même somme que ceux des agents en fonctions appartenant à la classe dans laquelle ils seront rangés.

Les directeurs, professeurs, chefs des travaux, chefs d'atelier et maîtres-adjoints, reçoivent, outre, le traitement afférent à leur classe, de la commune ou du département, une indemnité de résidence fixée de la manière suivante :

Dans les localités dont la population agglomérée est de	1000 à 3000 habitants	100 francs.
	3001 à 9000 habitants	200 —
	9001 à 12000 habitants	300 —
	12001 à 18000 habitants	400 —
	18001 à 35000 habitants	500 —
	35001 à 60000 habitants	600 —
	60001 à 100000 habitants	700 —
	100001 habitants et au-dessus (sauf la ville de Paris).	800 —

Ils ont droit au logement ou à l'indemnité représentative à la charge du département ou de la commune.

ART. 17.

Les indemnités représentatives de logement sont fixées pour chacun des ayants droit par le Préfet, après avis du Conseil général ou du Conseil municipal suivant le cas.

ART. 18.

Les maîtres auxiliaires reçoivent de l'État une allocation calculée en raison du nombre d'heures d'enseignement et dont le taux est fixé, pour chaque maître, par l'arrêté ministériel qui le nomme. Cette allocation n'est pas soumise à retenue.

ART. 19 (*).

L'avancement des directeurs, directrices, chefs de travaux et d'a-

---

(*) Ainsi modifié par le décret du 7 mai 1908.

telier, professeurs, maitres-adjoints et maitresses-adjointes, a lieu
après trois ans, au moins, passés dans la classe immédiatement in-
férieure ; il est de droit, après six ans, dans la limite des crédits
inscrits au budget.

Nul ne peut être promu au choix à une classe supérieure s'il ne
figure sur un tableau d'avancement, qui est établi à la fin de
chaque année, pour l'année suivante, dans les conditions fixées par
un arrêté ministériel.

ART. 20 (*).

Les peines disciplinaires applicables au personnel des écoles pratiques de commerce et d'industrie, visé à l'article 11, premier alinéa, sont les suivantes :

La réprimande ;

La censure simple ;

La censure avec insertion au *Bulletin de l'Enseignement technique* ;

La révocation.

Toutes ces peines sont prononcées par le Ministre ; toutefois, les
trois dernières ne peuvent l'être qu'après avis du Conseil de discipline, l'intéressé entendu ou dûment appelé.

Le conseil de discipline est composé :

1° Des membres du comité d'inspection de l'Enseignement technique ;

2° D'un directeur ou d'une directrice d'école pratique, élu par
ses collègues ;

3° De deux professeurs ou maîtres-adjoints d'école pratique, élus
par leurs collègues.

Il est présidé par le directeur de l'Enseignement technique.

Les conditions dans lesquelles il doit être procédé à l'élection des
membres représentant le personnel dans le conseil de discipline
seront déterminées par un arrêté ministériel.

Toute peine disciplinaire pourra entraîner, en outre, sur l'avis
du conseil de discipline, la radiation du tableau d'avancement.

(*) Ainsi modifié par le décret du 7 mai 1908.

Dans le cas où le Ministre le jugera utile, il pourra prononcer la suspension, sans attendre l'avis du conseil de discipline, mais seulement à titre provisoire, et sans que cette suspension puisse entraîner aucune privation de traitement.

CHAPITRE IV

Répartition des dépenses. — Subventions.

ART. 21 (*).

Les dépenses d'entretien des écoles pratiques de commerce ou d'industrie sont supportées par l'Etat, les départements ou les communes, conformément aux dispositions des articles 2, 3, 4 et 12 de la loi du 19 juillet 1889, modifiée par la loi du 25 juillet 1893.

ART. 22.

Le Ministre du Commerce et de l'Industrie peut allouer des subventions aux départements et aux communes, dans la limite de ses crédits annuels, pour l'achat et l'entretien du mobilier et du matériel d'enseignement.

CHAPITRE V

Enseignement. — Bourses.

ART. 23.

L'enseignement dans les écoles pratiques de commerce ou d'industrie est entièrement gratuit.

ART. 24.

Nul élève ne peut être admis avant l'âge de 12 ans accomplis.

Les candidats âgés de moins de 13 ans, devront, pour être admis, produire le certificat d'études primaires.

Les candidats, âgés de plus de 13 ans et non pourvus du certificat d'études primaires, doivent justifier de l'accomplissement de l'obligation scolaire et subir un examen d'entrée dont les conditions seront fixées par arrêté ministériel.

(*) Ainsi modifié par le décret du 7 mai 1908.

Art. 25 ([1]).

Aucun internat ne pourra être annexé aux écoles pratiques de commerce ou d'industrie qu'en vertu d'une autorisation accordée par le Ministre.

Le Préfet ou le Maire, suivant le cas, règle les conditions de fonctionnement de chaque internat autorisé.

Art. 26 ([2]).

L'État peut fonder des bourses d'internat et des bourses d'entretien dans les écoles pratiques de commerce ou d'industrie. Ces bourses sont attribuées par le Ministre, suivant les conditions déterminées par un arrêté ministériel.

Art. 27 ([2]).

Dans toute école pratique de commerce ou d'industrie, les programmes d'enseignement comprennent, sans préjudice d'un complément d'enseignement général, les notions théoriques et pratiques des sciences et des arts ou métiers, nécessaires à la formation des ouvriers de l'industrie ou des employés du commerce.

Art. 28.

Le programme détaillé d'enseignement est, pour chaque école, élaboré avec l'emploi du temps correspondant, par le Conseil de perfectionnement.

Si l'école doit comprendre une section industrielle et une section commerciale, le programme comporte nécessairement :

1° Un programme spécial pour chaque section ;

2° Un programme des cours qui peuvent être communs.

Les programmes sont arrêtés et modifiés, s'il y a lieu, par le Ministre après avis du directeur.

Art. 29.

Il est institué un certificat d'études pratiques commerciales et un certificat d'études pratiques industrielles.

([1]) Ainsi modifié par le décret du 17 août 1895.
([2]) Ainsi modifié par le décret du 7 mai 1908.

Ces certificats sont obtenus à la suite d'examens de sortie, dont les conditions sont déterminées par arrêté ministériel.

CHAPITRE VI

Surveillance et inspection.

ART. 30 (*).

Il est institué, auprès de chaque école pratique de commerce ou d'industrie, un Conseil de perfectionnement qui se compose :

1° Du Préfet ou du Maire, président, suivant que l'établissement est départemental ou communal ;

2° Des inspecteurs ou inspectrices de l'Enseignement technique, dans la circonscription desquels l'école se trouve placée ;

3° De six membres nommés, suivant les cas, par le Conseil général ou le Conseil municipal pour la durée de son mandat et dont deux, au moins, doivent exercer ou avoir exercé une profession industrielle ou commerciale, selon la catégorie à laquelle l'école appartient ;

4° De six membres nommés par le Ministre du Commerce et de l'Industrie et choisis, notamment, parmi les membres des chambres de commerce, des chambres consultatives des arts et manufactures, des conseils de prud'hommes et des associations professionnelles.

Pour les écoles de filles, les six membres nommés par le Conseil général ou le Conseil municipal comprennent au moins trois dames, choisies parmi les personnes exerçant ou ayant exercé les professions enseignées à l'école.

Si l'école est à la fois commerciale et industrielle, le nombre des membres nommés par le Ministre et celui des membres élus sont respectivement portés à huit. Dans ce cas, trois des représentants de l'assemblée locale doivent exercer ou avoir exercé une profession commerciale, et trois une profession industrielle.

Le Conseil général, lorsqu'il s'agit d'un établissement communal,

______

(*) Ainsi modifié par le décret du 7 mai 1908.

ou le Conseil municipal, quand il s'agit d'un établissement départemental, peut être représenté dans le Conseil de perfectionnement par un ou deux de ses membres, désignés par lui, s'il contribue à l'entretien de l'établissement par des subventions en argent ou s'il l'encourage par la création de bourses.

Art. 31.

Le directeur ou la directrice assiste, avec voix consultative, à toutes les séances du Conseil de perfectionnement, sauf quand il est délibéré sur le rapport annuel visé au paragraphe 4 de l'article suivant.

Art. 32.

Outre les attributions mentionnées aux articles 5, 12 et 28, le Conseil de perfectionnement est chargé :

1° De donner son avis sur l'état annuel des prévisions de dépenses à la charge du département ou de la commune, préparé par le directeur ;

2° De visiter l'école une fois par mois pour s'assurer de la bonne tenue matérielle de l'établissement ;

3° D'assister aux examens de passage ;

4° De délibérer, à la fin de l'année scolaire, sur le rapport annuel du directeur relatif à la situation de l'établissement et d'adresser sa délibération motivée au Ministre par l'entremise du Préfet.

Une expédition de ce rapport est adressée au Maire si l'école est municipale ;

5° De s'occuper du placement des élèves et notamment des élèves boursiers à leur sortie de l'école :

6° De donner son avis sur les questions qui lui sont spécialement soumises, soit par le Ministre, soit par le Préfet, si l'établissement est départemental, soit par le Maire, si l'établissement est communal.

Art. 33 (*).

La surveillance et l'inspection des écoles pratiques de commerce et d'industrie sont assurées conformément aux règlements relatifs à l'inspection de l'Enseignement technique.

(*) Ainsi modifié par le décret du 7 mai 1908.

CHAPITRE VII

Dispositions transitoires.

Art. 34.

Les directeurs et directrices, les professeurs, les maitres-adjoints et les maitresses-adjointes en fonctions dans les écoles pratiques de commerce ou d'industrie actuellement existantes ou qui seront rattachées par décrets au Ministère du Commerce et de l'Industrie conformément à l'article 69 de la loi du 26 janvier 1892, sont classés, par arrêtés ministériels, dans l'une des classes énumérées à l'article 14, en tenant compte du montant de leurs émoluments de toute nature à la date de la promulgation du décret de transfert.

L'arrêté de classement détermine, conformément aux lois et règlements en vigueur, quelle part de ces émoluments chacun de ces fonctionnaires reçoit, tant à titre de traitement ou d'indemnité personnelle payée par l'État qu'à titre d'indemnités accessoires à la charge du département ou de la commune.

Pour l'application du paragraphe 1er de l'article 19, les services rendus par le fonctionnaire, dans la situation qu'il occupait au moment du transfert, lui sont comptés comme rendus dans la classe où il aura été placé par l'arrêté de classement prévu aux deux paragraphes précédents.

Ce personnel est soumis, en ce qui concerne la discipline et l'avancement, aux dispositions du présent décret.

Art. 35.

Le droit à pension des fonctionnaires de l'enseignement primaire, employés dans les écoles pratiques de commerce et d'industrie, reste déterminé par la loi du 17 août 1876.

Art. 36.

Les fonctionnaires désignés à l'article 34 auront un délai de trois mois à partir de la promulgation du présent décret pour faire connaître, par une déclaration expresse adressée au Ministre du Commerce et de l'Industrie, s'ils entendent n'être pas définitivement incorporés au personnel enseignant du Ministère du Commerce et de l'Industrie.

Art. 37.

Dans les cinq années qui suivront la promulgation du présent décret, les professeurs ayant cinq ans d'exercice en cette qualité, pourront être appelés à la direction d'une école sans avoir à justifier des titres requis par l'article 7.

Art. 38.

Sur la demande du Conseil général ou du Conseil municipal intéressé, le Ministre pourra déterminer le délai pendant lequel il ne sera apporté aucune modification à la composition soit des conseils de perfectionnement des écoles existantes au moment de la publication du présent décret, soit des comités de patronage en tenant lieu.

Art. 39.

Le Ministre du Commerce et de l'Industrie est chargé de l'exécution du présent décret, qui sera inséré au *Bulletin des lois.*

Fait à Paris, le 22 février 1893.

CARNOT

Par le Président de la République :

*Le Ministre du Commerce, de l'Industrie
et des Colonies,*

Jules SIEGFRIED.